AF216599

Impressum
Verlag: BABADADA GmbH, Nedderfeld 112 , 22529 Hamburg
Geschäftsführer / Verlagsleitung: Harald Hof
Druck: Books on Demand GmbH, In de Tarpen 42, 22848 Norderstedt

Imprint
Publisher: BABADADA GmbH, Nedderfeld 112 , 22529 Hamburg, Germany
Managing Director / Publishing direction: Harald Hof
Print: Books on Demand GmbH, In de Tarpen 42, 22848 Norderstedt, Germany

škola

училище

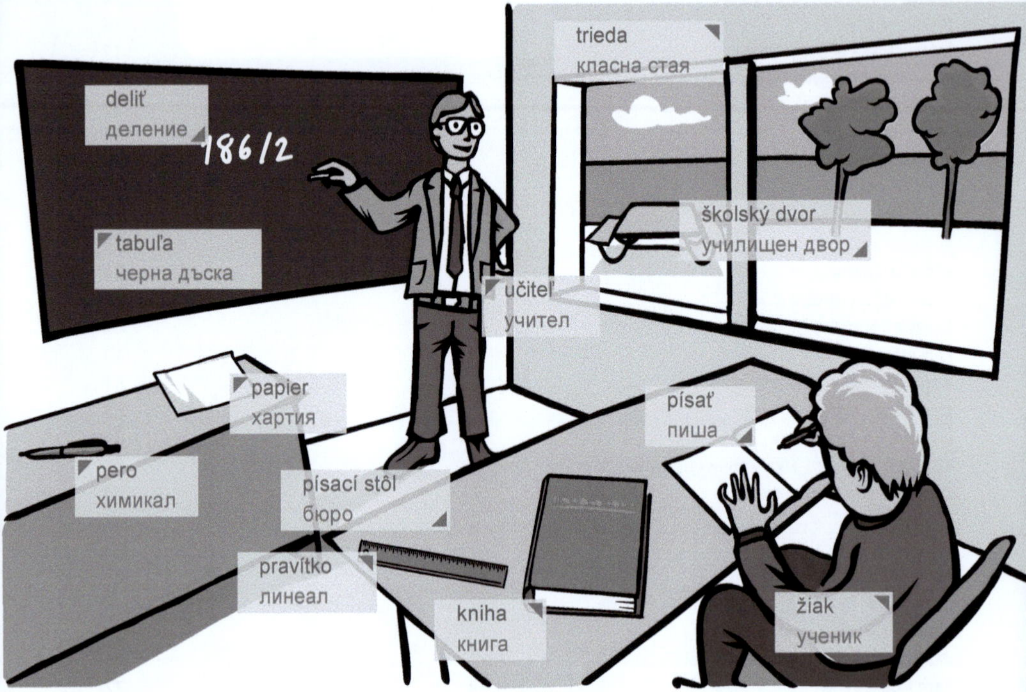

trieda
класна стая
deliť
деление
186/2
tabuľa
черна дъска
školský dvor
училищен двор
učiteľ
учител
papier
хартия
písať
пиша
pero
химикал
písací stôl
бюро
pravítko
линеал
kniha
книга
žiak
ученик

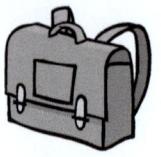

školská taška

ученическа раница

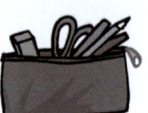

peračník

ученически несесер

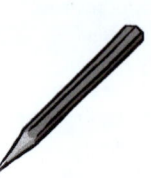

ceruza

молив

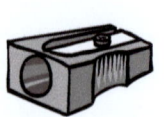

strúhadlo na ceruzky

острилка за моливи

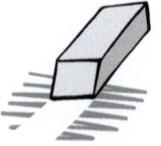

guma

гума

skicár

блок за рисуване

kresba

рисунка

štetec

четка

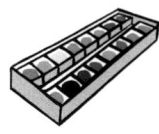

vodové farby

акварелни бои

nožnice

ножица

lepidlo

лепило

cvičný zošit

тетрадка за упражнения

domáca úloha

домашна работа

číslo

число

sčítať

събиране

odčítať

изваждане

násobiť

умножение

počítať

смятане

písmeno

буква

abeceda

азбука

hello

slovo

дума

text

текст

čítať

чета

krieda

тебешир

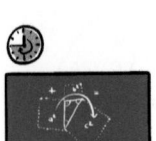

hodina

час

triedna kniha

дневник на класа

skúška

изпит

certifikát

свидетелство

školská uniforma

ученическа униформа

vzdelanie

образование

encyklopédia

справочник

univerzita

университет

mikroskop

микроскоп

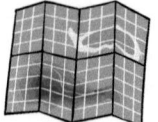

mapa

карта

kôš na papier

кошче за хартиени
отпадъци

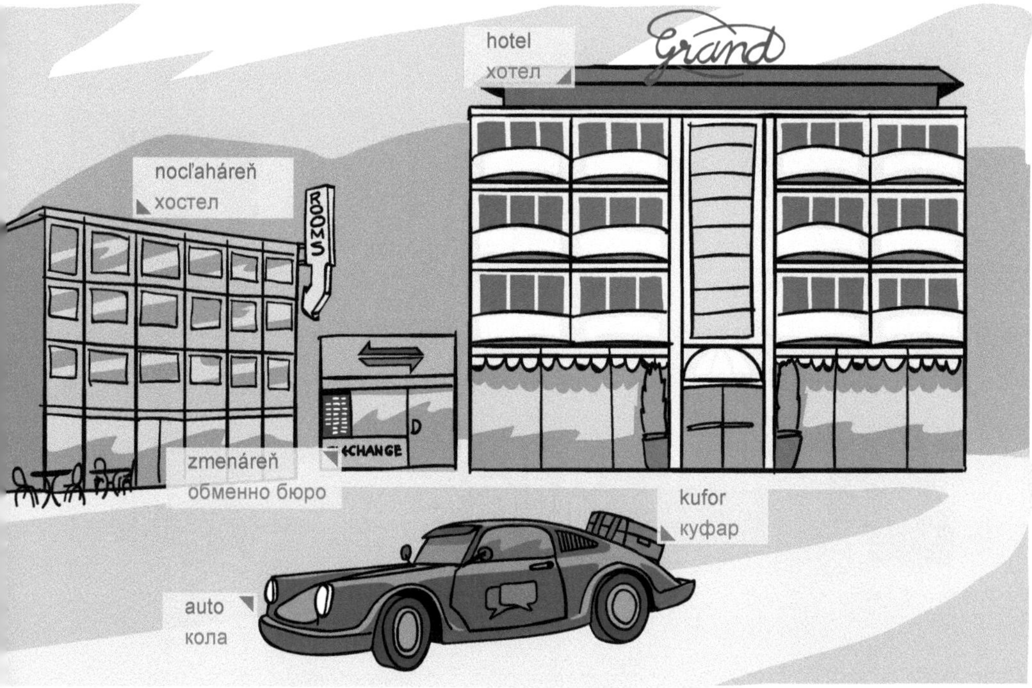

hotel
хотел
Grand
nocľaháreň
хостел
ROOMS
zmenáreň
обменно бюро
kufor
куфар
auto
кола

jazyk

език

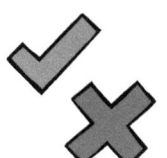

áno/nie

да / не

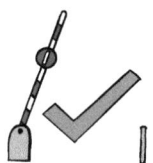

v poriadku

Окей

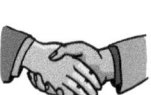

ahoj

здравей

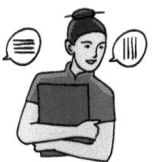

prekladateľ

преводач

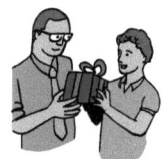

ďakujem

Благодаря

Koľko stojí … ?

Колко струва…?

Nerozumiem

Не разбирам

problém

проблем

Dobrý večer!

Добър вечер!

Dobré ráno!

Добро утро!

Dobrú noc!

Лека нощ!

Dovidenia

довиждане

smer

посока

batožina

багаж

taška

пътна чанта

batoh

раница

hosť

посетител

izba

стая

spacák

спален чувал

stan

палатка

informácie pre turistov

туристическа информация

pláž

плаж

kreditná karta

кредитна карта

raňajky

закуска

obed

обед

večera

вечеря

cestovný lístok

билет

výťah

асансьор

poštová známka

пощенска марка

hranica

граница

clo

митница

veľvyslanectvo

посолство

vízum

виза

cestovný pas

паспорт

doprava
транспорт

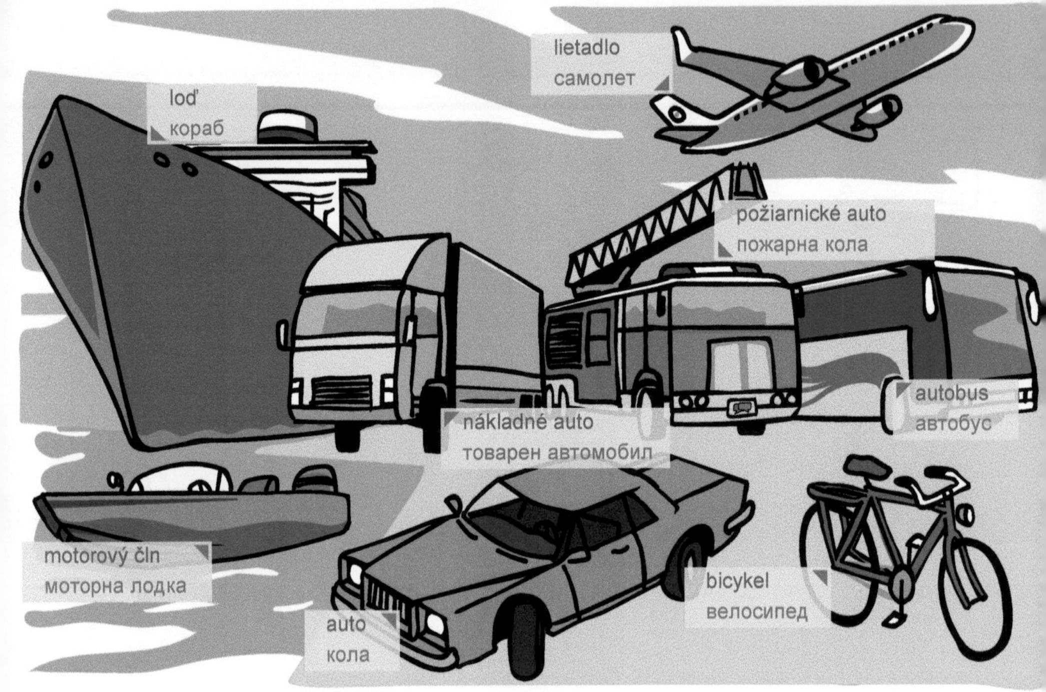

lietadlo
самолет
loď
кораб
požiarnické auto
пожарна кола
autobus
автобус
nákladné auto
товарен автомобил
motorový čln
моторна лодка
bicykel
велосипед
auto
кола

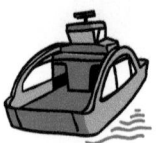

trajekt
ферибот

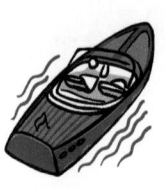

loď
лодка

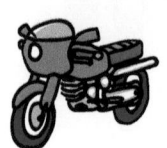

motorka
мотоциклет

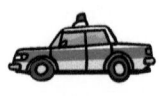

policajné auto
полицейска кола

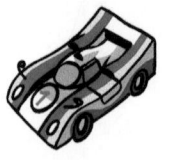

pretekárske auto
състезателна кола

vozidlo z požičovne
кола под наем

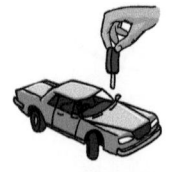

carsharing

каршеринг

odťahové auto

автомобил от "Пътна помощ"

smetiarske auto

сметовоз

motor

двигател

benzín

бензин

čerpacia stanica

бензиностанция

dopravná značka

пътен знак

premávka

улично движение

zápcha

задръстване

parkovisko

паркинг

vlaková stanica

гара

trate

релси

vlak

влак

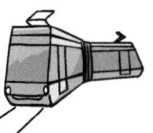

električka

трамвай

vagón

вагон

helikoptéra

хеликоптер

letisko

аерогара

veža

кула

pasažier

пасажер

kontajner

контейнер

kartón

кашон

vozík

ръчна количка

kôš

кошница

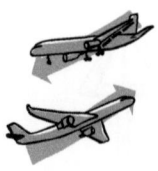

štartovať / pristáť

излитам / приземявам се

mesto

град

dedina

село

centrum mesta

градски център

dom

къща

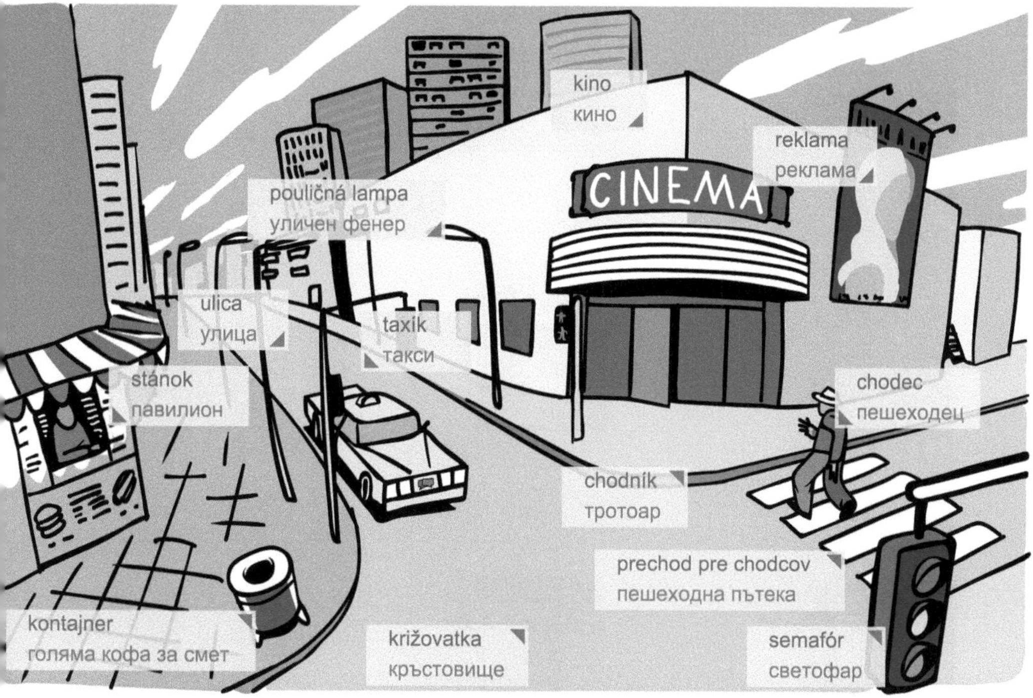

kino
кино
CINEMA
reklama
реклама
pouličná lampa
уличен фенер
ulica
улица
taxík
такси
stánok
павилион
chodec
пешеходец
chodník
тротоар
prechod pre chodcov
пешеходна пътека
kontajner
голяма кофа за смет
križovatka
кръстовище
semafór
светофар

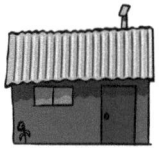

chata

хижа

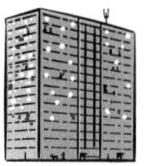

byt

жилище

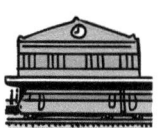

vlaková stanica

гара

radnica

кметство

MUSEUM

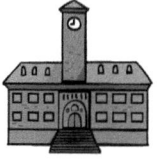

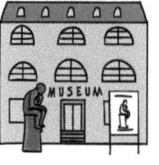

múzeum

музей

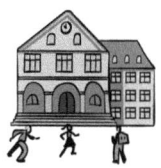

škola

училище

univerzita

университет

banka

банка

nemocnica

болница

hotel

хотел

lekáreň

аптека

kancelária

офис

kníhkupectvo

книжарница

obchod

магазин за цветя

kvetinárstvo

магазин за цветя

supermarket

супермаркет

trh

пазар

obchodný dom

универсален магазин

obchodník s rybami

търговец на риба

nákupné stredisko

търговски център

prístav

пристанище

park

парк

lavička

пейка

most

мост

schody

стълба

metro

метро

tunel

тунел

autobusová zastávka

автобусна спирка

bar

бар

reštaurácia

ресторант

poštová schránka

пощенска кутия

tabuľa s názvom ulice

улична табелка

parkovacie hodiny

часовник за паркинг
престой

ZOO

зоологическа градина

plaváreň

плувен басейн

mešita

джамия

farma
селски двор

znečisťovanie životného prostredia
замърсяване на околната среда

cintorín
гробище

kostol
църква

ihrisko
детска площадка

chrám
храм

terén
пейзаж

list
листо

smerová tabuľa
пътепоказател

cesta
път

lúka
ливада

kameň
камък

strom
дърво

turista
пътешественик

rieka
река

tráva
трева

kvet
цвете

dolina

долина

kopec

планина

jazero

море

les

гора

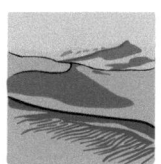

púšť

пустиня

vulkán

вулкан

zámok

замък

dúha

дъга

hríb

гъба

palma

палма

komár

комар

mucha

муха

mravec

мравка

včela

пчела

pavúk

паяк

chrobák

бръмбар

žaba

жаба

veverička

катеричка

jež

таралеж

zajac

заек

sova

кукумявка

vták

птица

labuť

лебед

diviak

диво прасе

jeleň

елен

los

лос

hrádza

бент

veterná turbína

вятърна турбина

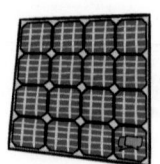

solárny panel

соларен модул

podnebie

климат

reštaurácia
ресторант

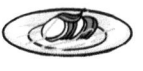

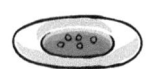

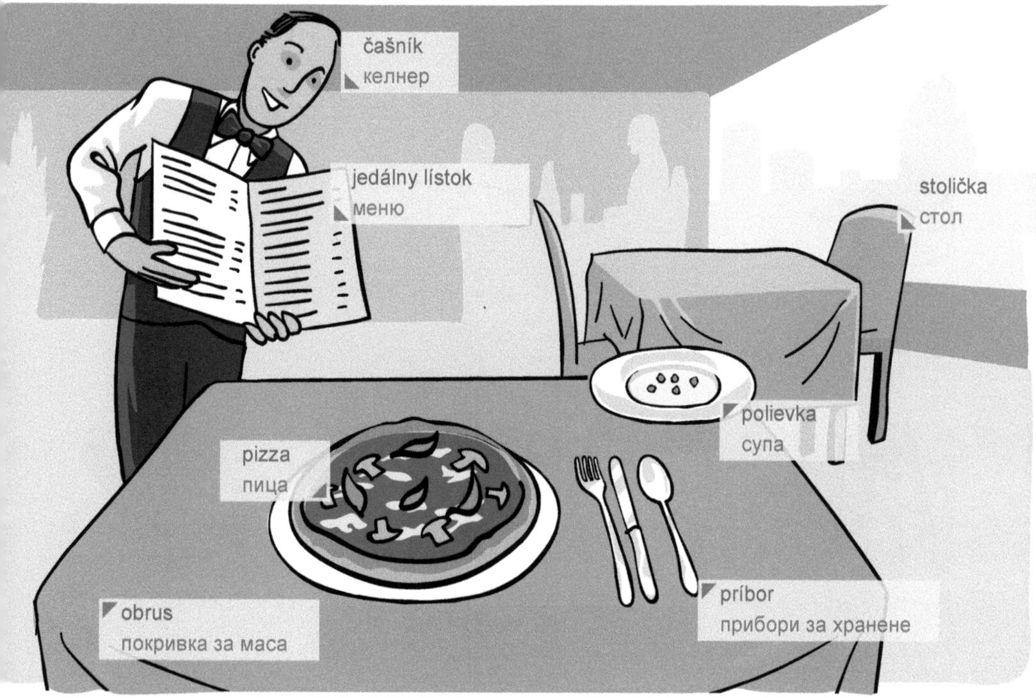
čašník
келнер
jedálny lístok
меню
stolička
стол
polievka
супа
pizza
пица
obrus
покривка за маса
príbor
прибори за хранене

predjedlo
предястие

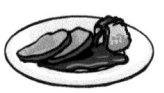

hlavné jedlo
основно ястие

zákusok
десерт

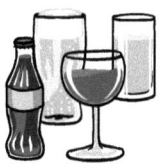

nápoje
напитки

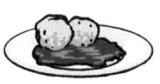

jedlo
ядене

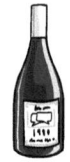

fľaša
бутилка

fast-food

бързо хранене

street food

улична храна

kanvica na čaj

кана за чай

cukornička

кутия за захар

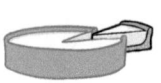

porcia

порция

stroj na espresso

еспресо машина

detská stolička

висок детски стол

účet

сметка

podnos

табла

nôž

ножица за нокти

vidlička

вилица

lyžica

лъжица

čajová lyžička

чаена лъжичка

obrúsok

салфетка

pohár

стъклена чаша

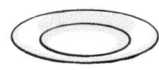

tanier

чиния

hlboký tanier

чиния за супа

podšálka

чинийка

omáčka

сос

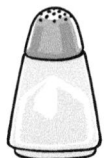

soľnička

солница

mlynček na korenie

мелничка за черен пипер

ocot

оцет

olej

олио

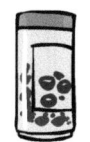

korenie

подправки

kečup

кетчуп

horčica

горчица

majonéza

майонеза

supermarket
супермаркет

špeciálna ponuka
оферта
FOR
klient
клиент
mliečne výrobky
млечни продукти
ovocie
плодове
nákupný vozík
количка за покупки

BUTCHERS

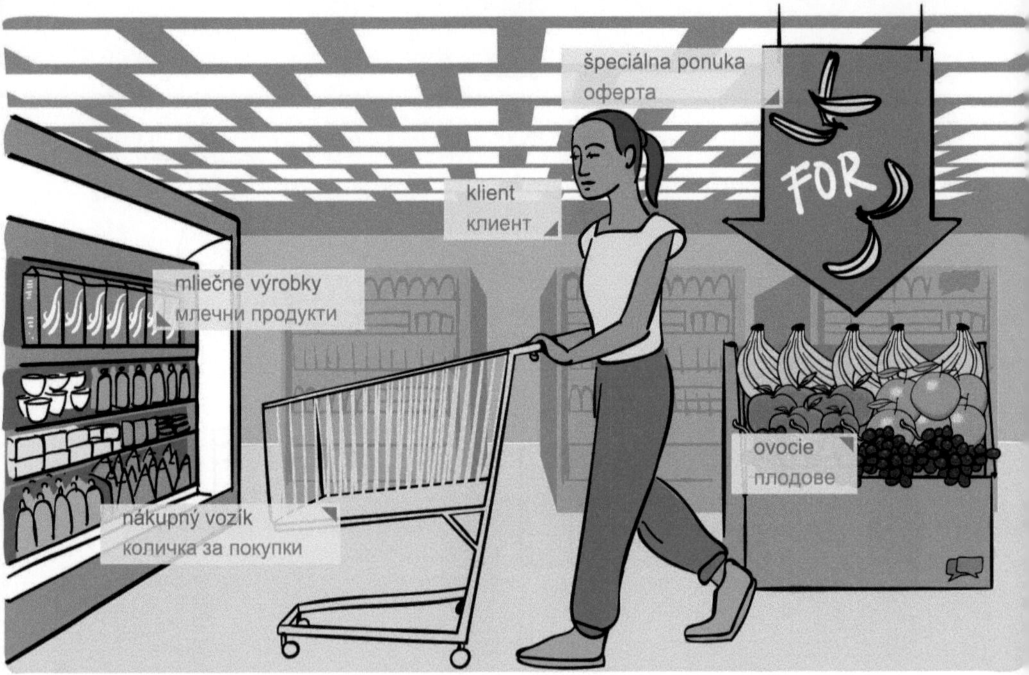

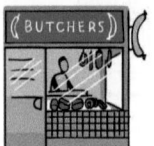

mäsiarstvo

кланица

BAKERY

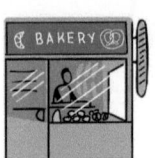

pekáreň

хлебарница

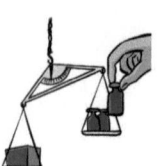

vážiť

тегля

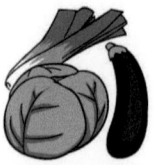

zelenina

зеленчуци

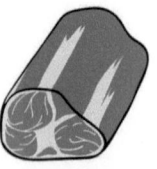

mäso

месо

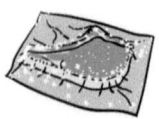

mrazené potraviny

дълбоко замразена храна

nárez

нарязан колбас или
сирене

konzervy

консерви

prací prostriedok

перилен препарат

sladkosti

лакомства

domáce potreby

домакински изделия

čistiace prostriedky

почистващи препарати

predavačka

продавачка

pokladňa

каса

pokladník

касиер

nákupný zoznam

списък на покупките

otváracie hodiny

работно време

peňaženka

портфейл

kreditná karta

кредитна карта

taška

чанта

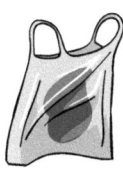

plastové vrecko

пластмасова торба

voda

вода

džús

сок

mlieko

мляко

kola

кола

víno

вино

pivo

бира

alkohol

алкохол

kakao

какао

čaj

чай

káva

кафе машина

espresso

еспресо

kapučíno

капучино

banán

банан

jablko

ябълка

pomaranč

портокал

melón

пъпеш

citrón

лимон

mrkva

морков

cesnak

чесън

bambus

бамбук

cibuľa

лук

hríb

гъба

orechy

ядки

rezance

макарони

špagety

спагети

ryža

ориз

šalát

салата

hranolky

пържени картофи

pečené zemiaky

печени картофи

pizza

пица

hamburger

хамбургер

obložený chlebík

сандвич

rezeň

шницел

šunka

шунка

saláma

траен колбас

klobása

салам

kurča

пиле

pečené mäso

печено

ryba

риба

ovsené vločky

овесени ядки

müsli

мюсли

kukuričné lupienky

корнфлейкс

múka

брашно

croissant

кроасан

pečivo

хлебчета

chlieb

хляб

hrianka

препечена филийка

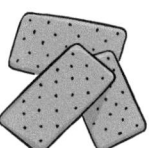

sušienky

бисквити

maslo

масло

tvaroh

извара

koláč

сладкиш

vajce

яйце

volské oko

яйца на очи

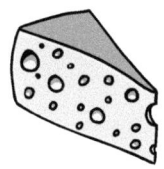

syr

сирене

zmrzlina

сладолед

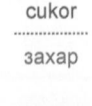

cukor

захар

med

мед

lekvár

мармалад

nugátová nátierka

нуга крем

karí korenie

къри

farma

селски двор

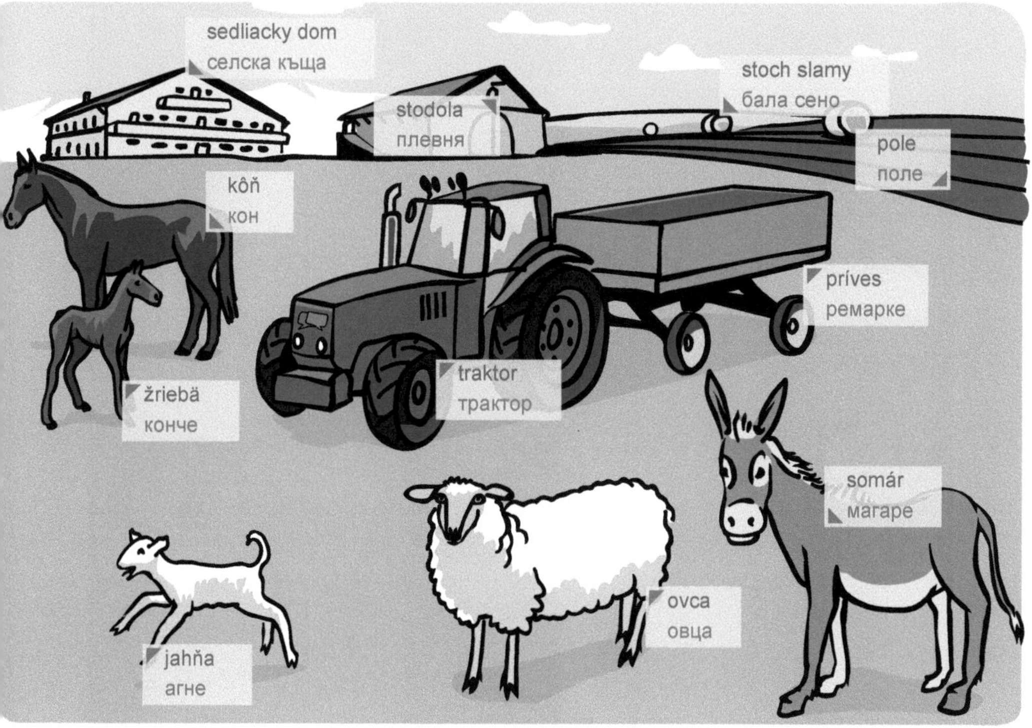
sedliacky dom
селска къща
stodola
плевня
stoch slamy
бала сено
pole
поле
kôň
кон
príves
ремарке
traktor
трактор
žriebä
конче
somár
магаре
ovca
овца
jahňa
агне

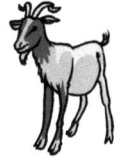

koza

коза

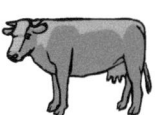

krava

крава

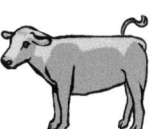

teľa

теле

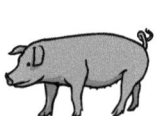

prasa

свиня

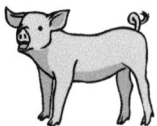

prasiatko

прасенце

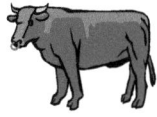

býk

бик

hus

гъска

kačica

патица

kuriatko

пиленце

sliepka

кокошка

kohút

петел

potkan

плъх

mačka

котка

myš

мишка

vôl

вол

pes

куче

psia búda

кучешка колиба

záhradná hadica

градински маркуч

krhla

лейка

kosa

коса

pluh

плуг

kosák

сърп

motyka

мотика

vidly na hnoj

вила за тор

sekera

брадва

fúrik

ръчна количка

koryto

корито

kanva na mlieko

съд за мляко

vrece

чувал

plot

ограда

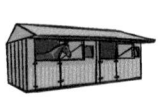

maštaľ

обор

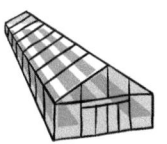

skleník

парник

pôda

земя

osivo

сеитба

hnojivo

тор

kombajn

комбайн

žať
....
жъна

žatva
....
реколта

batát
....
ямс

pšenica
....
жито

sója
....
соя

zemiak
....
картоф

kukurica
....
царевица

repka
....
рапица

ovocný strom
....
овощно дърво

maniok
....
маниока

obilie
....
зърнени храни

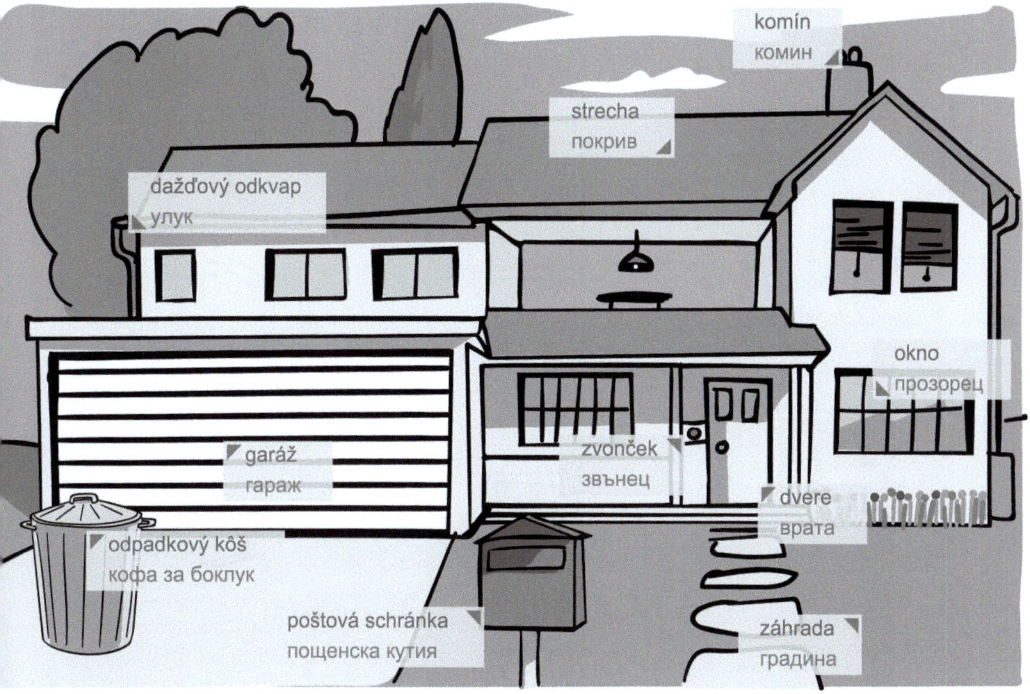

komín
комин

strecha
покрив

dažďový odkvap
улук

okno
прозорец

garáž
гараж

zvonček
звънец

dvere
врата

odpadkový kôš
кофа за боклук

poštová schránka
пощенска кутия

záhrada
градина

obývačka

всекидневна

kúpeľňa

баня

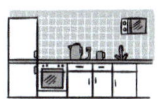

kuchyňa

кухня

spálňa

спалня

detská izba

детска стая

jedáleň

трапезария

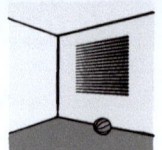

podlaha

под

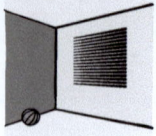

stena

стена

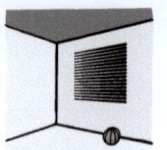

strop

таван

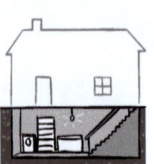

pivnica

изба

sauna

сауна

balkón

балкон

terasa

тераса

bazén

плувен басейн

kosačka

косачка

obliečka

спално бельо

posteľná prikrývka

покривка за легло

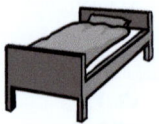

posteľ

легло

metla

метла

vedro

кофа

vypínač

електрически ключ

obývačka

всекидневна

tapeta
тапет
obraz
картина
lampa
лампа
regál
рафт
skriňa
шкаф
televízor
телевизор
kozub
камина
kvet
цвете
vankúš
възглавница
pohovka
канапе
váza
ваза
diaľkové ovládanie
дистанционно управление

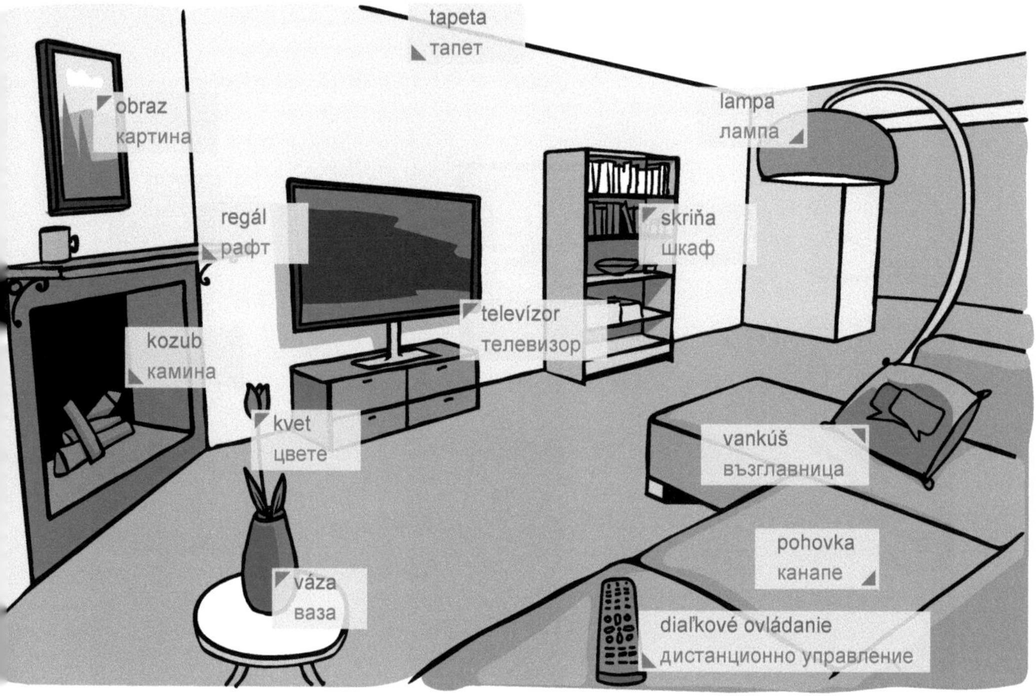

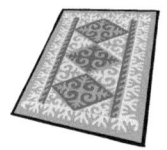

koberec

килим

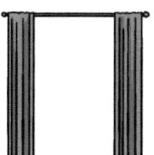

záclona

завеса

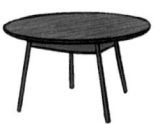

stôl

маса

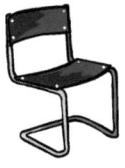

stolička

стол

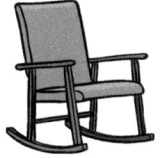

hojdacie kreslo

люлеещ се стол

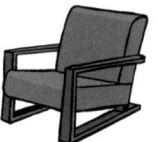

kreslo

кресло

kniha

книга

prikrývka

одеяло

dekorácia

декорация

drevo na kúrenie

дърва за отопление

film

филм

hi-fi veža

стерео уредба

kľúč

ключ

noviny

вестник

maľba

живопис

plagát

постер

rádio

радио

zápisník

бележник

vysávač

прахосмукачка

kaktus

кактус

sviečka

свещ

kuchyňa
кухня

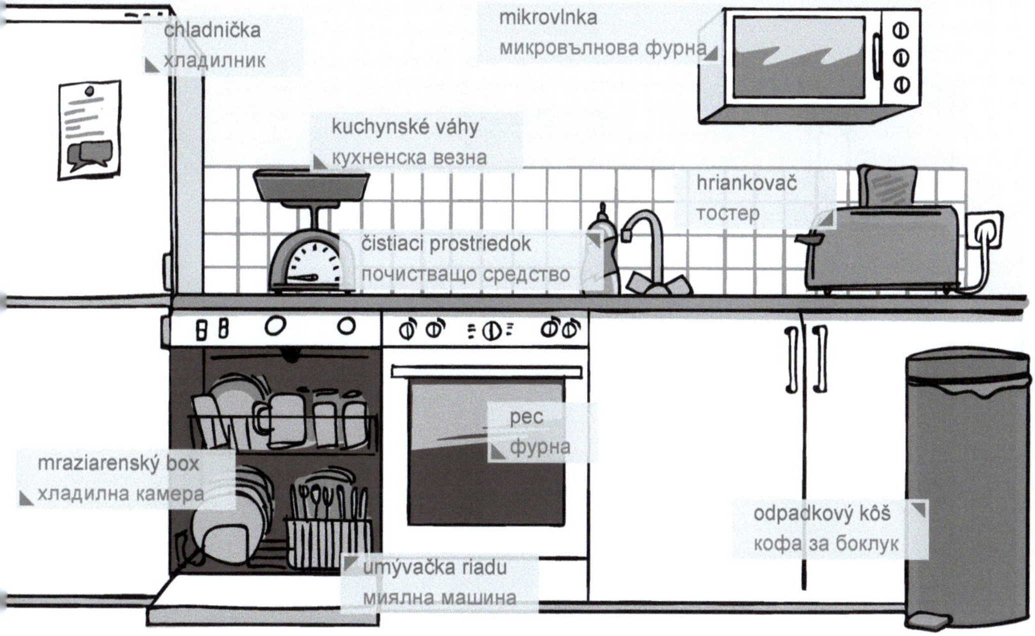
chladnička
хладилник
mikrovlnka
микровълнова фурна
kuchynské váhy
кухненска везна
hriankovač
тостер
čistiaci prostriedok
почистващо средство
pec
фурна
mraziarenský box
хладилна камера
odpadkový kôš
кофа за боклук
umývačka riadu
миялна машина

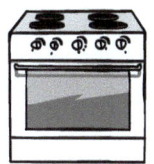

sporák

готварска печка

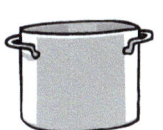

hrniec

тенджера

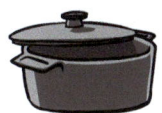

železný hrniec

желязна тенджера

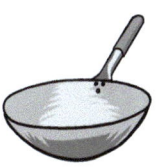

wok / kadai

уок / кадаи

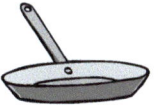

panvica

тиган

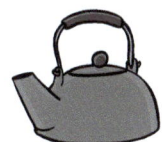

rýchlovarná kanvica

кана за затопляне на вода

parný hrniec

уред за готвене на пара

plech na pečenie

тава за печене

riad

съдове

pohár

чаша

misa

купа

paličky

клечки за хранене

naberačka na polievku

черпак

stierka

лопатка за тиган

metlička

тел за разбиване (на яйца, белтъци)

cedidlo

кошница за варене

sitko

гевгир

strúhadlo

ренде

mažiar

хаван

gril

барбекю

ohnisko

огнище

doska na krájanie

дъска

valček na cesto

точилка

vývrtka

тирбушон

konzerva

кутия

otvárač na konzervy

отварачка за консерви

chňapka

кухненска ръкохватка

výlevka

мивка

kefa

четка

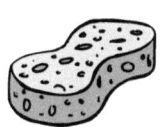

hubka

гъба

mixér

миксер

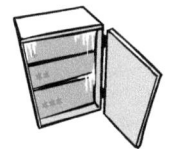

mraznička

фризер

kojenecká fľaša

бебешко шише

vodovodný kohútik

воден кран

kúpeľňa

баня

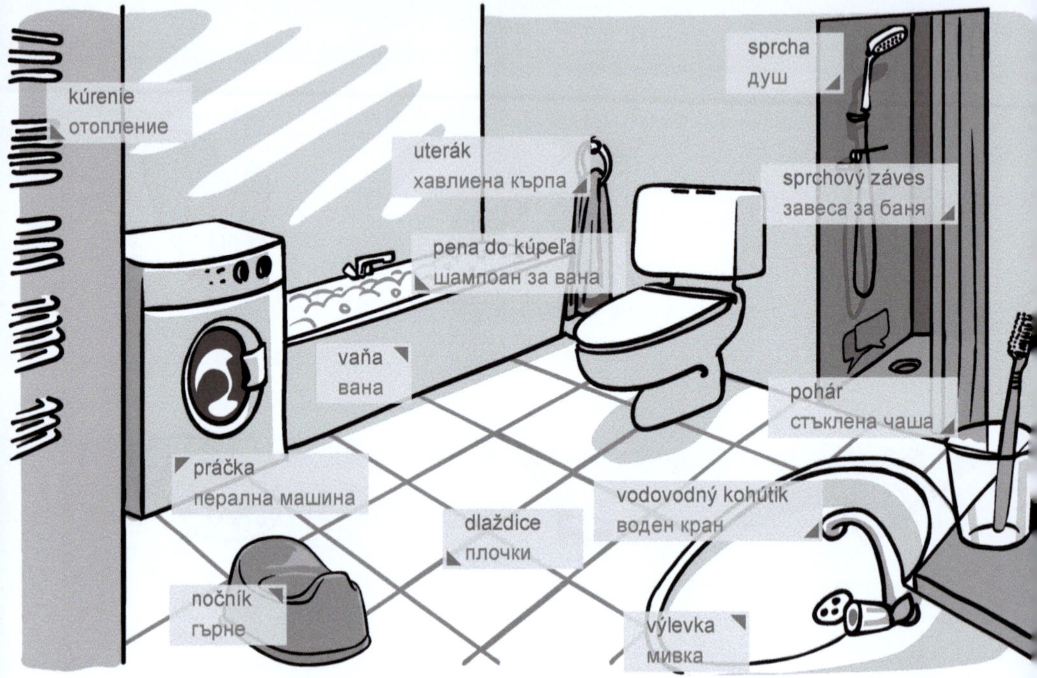

kúrenie
отопление
uterák
хавлиена кърпа
sprcha
душ
sprchový záves
завеса за баня
pena do kúpeľa
шампоан за вана
vaňa
вана
pohár
стъклена чаша
práčka
перална машина
vodovodný kohútik
воден кран
dlaždice
плочки
nočník
гърне
výlevka
мивка

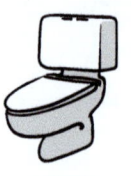

záchod

тоалетна

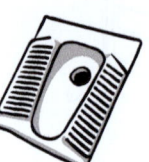

suchý záchod

клекало

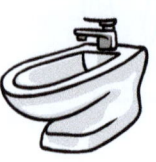

bidet

биде

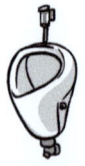

pisoár

писоар

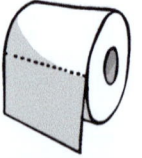

toaletný papier

тоалетна хартия

záchodová kefa

четка за тоалетна

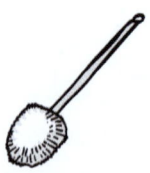

zubná kefka

четка за зъби

zubná pasta

паста за зъби

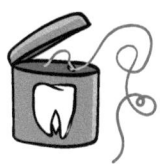

dentálna niť

конец за зъби

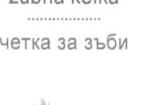

umývať

мия

ručná sprcha

ръчен душ

sprcha pre intímnu hygienu

интимен душ

umývadlo

леген

kefa na chrbát

четка за гръб

mydlo

сапун

sprchový gél

душ гел

šampón

шампоан за вана

frotírová rukavica

гъба за баня

odtok

сифон

krém

крем

dezodorant

дезодорант

zrkadlo

огледало

kozmetické zrkadlo

козметично огледало

žiletka

ръчна самобръсначка

pena na holenie

пяна за бръснене

voda po holení

одеколон за след
бръснене

hrebeň

гребен

kefa

четка

sušič vlasov

сешоар

sprej na vlasy

спрей за коса

make-up

грим

rúž

червило

lak na nechty

лак за нокти

vata

памук

nožnice na nechty

ножица за нокти

parfum

парфюм

kozmetická taška

тоалетна чантичка

stolček

табуретка

váha

везна

kúpací plášť

хавлия

gumové rukavice

домакински ръкавици

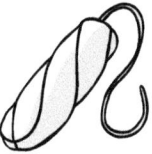

tampón

тампон

menštruačná vložka

дамски превръзки

chemické WC

химическа тоалетна

detská izba

детска стая

budík
будилник
plyšová hračka
плюшена играчка
hračkárske auto
автомобил играчка
hrkálka
дрънкалка
domček pre bábiky
къща за кукли
dar
подарък

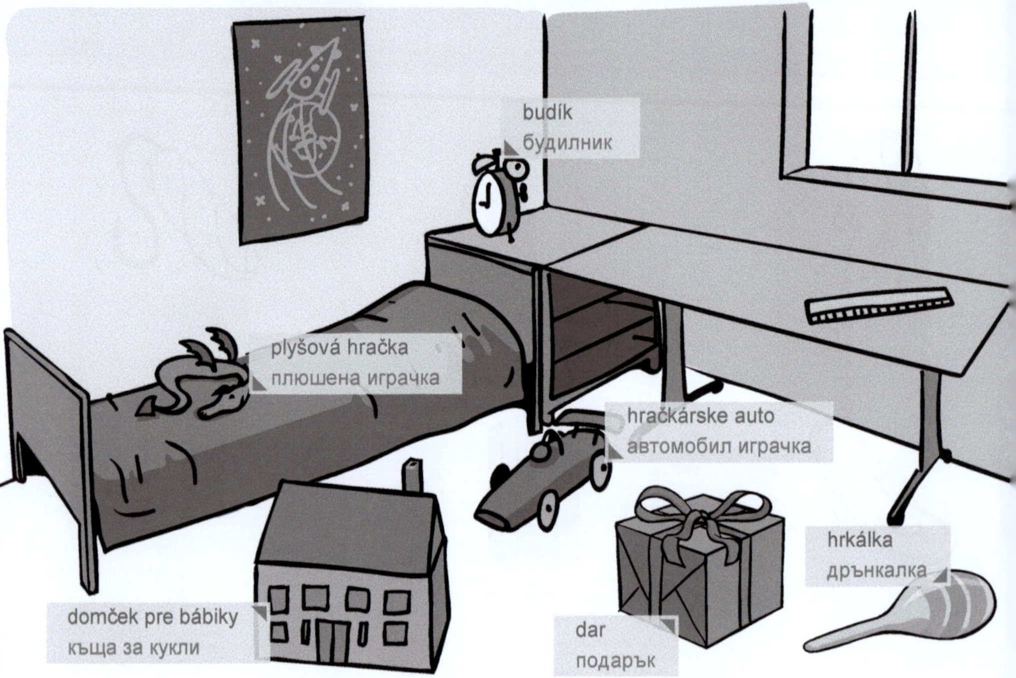

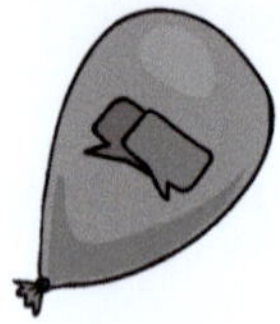

balón

балон

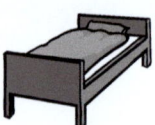

posteľ

легло

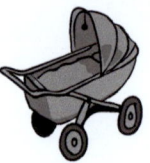

detský kočík

детска количка

karty

игра на карти

puzzle

пъзел

SUPER MEGA

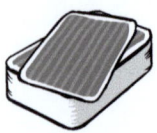

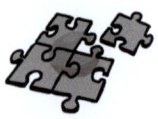

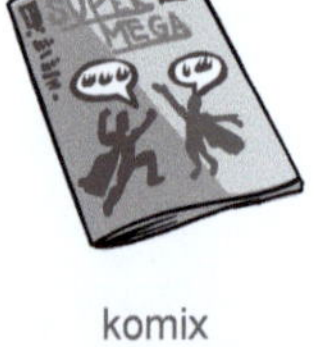

komix

комикс

skladačka lego

лего елементи

stavebnica

строителни елементи

akčná postavička

екшън фигурка

dupačky

бебешки гащеризон

lietajúci tanier

фрисби

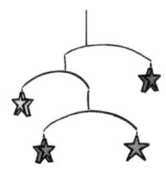

závesné hračky

бебешки играчки за легло

stolová hra

настолна игра

kocka

зарче

modelový vláčik

миниатюрно влакче

cumlík

биберон

párty

парти

obrázková kniha

детска книга с илюстрации

lopta

топка

bábika

кукла

hrať sa

играя

pieskovisko

пясъчник

hojdačka

люлка

hračky

играчка

hracia konzola

игрова конзола

trojkolka

велосипед с три колелета

medvedík

плюшено мече

šatník

гардероб

ponožky

къси чорапи

pančuchy

дълги чорапи

pančuchové nohavičky

чорапогащник

šál
шал

opasok
колан

dáždnik
чадър

tričko
Т-шърт

čižmy
ботуши

papuče
пантофи

tenisky
гуменки

sandále
сандали

topánky
обувки

gumáky
гумени ботуши

spodky
слип

podprsenka
сутиен

tielko
долна блуза

body
боди

nohavice
панталон

džínsy
дънки

sukňa
пола

blúzka
блуза

košeľa
риза

pulóver
пуловер

sveter
суичър

blejzer
блейзър

bunda
яке

kabát
палто

pršiplášť
дъждобран

kostým
костюм

šaty
рокля

svadobné šaty
булчинска рокля

oblek

костюм

nočná košeľa

нощница

pyžamo

пижама

sari

сари

šatka na hlavu

кърпа за глава

turban

тюрбан

burka

бурка

kaftan

кафтан

abaja

абая

dvojdielne plavky

бански костюм

plavky

плувни шорти

šortky

къс панталон

tepláková súprava

анцуг

zástera

престилка

rukavice

ръкавици

gombík

копче

okuliare

очила

náramok

гривна

retiazka

верижка

prsteň

пръстен

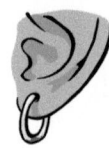

náušnica

обеца

čiapka

каскет

vešiak

закачалка

klobúk

шапка

kravata

вратовръзка

zips

цип

prilba

каска

traky

тиранти

školská uniforma

ученическа униформа

uniforma

униформа

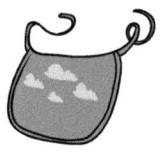

podbradník

лигавник

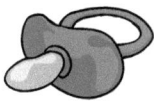

cumlík

биберон

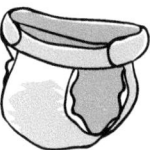

plienka

пелена

kancelária

офис

server
сървър
skriňa na spisy
шкаф за документи
papier
хартия
tlačiareň
принтер
monitor
монитор
myš
мишка
písací stôl
бюро
zakladač
папка
klávesnica
клавиатура
kôš na papier
кошче за хартиени отпадъци
počítač
компютър
stolička
стол

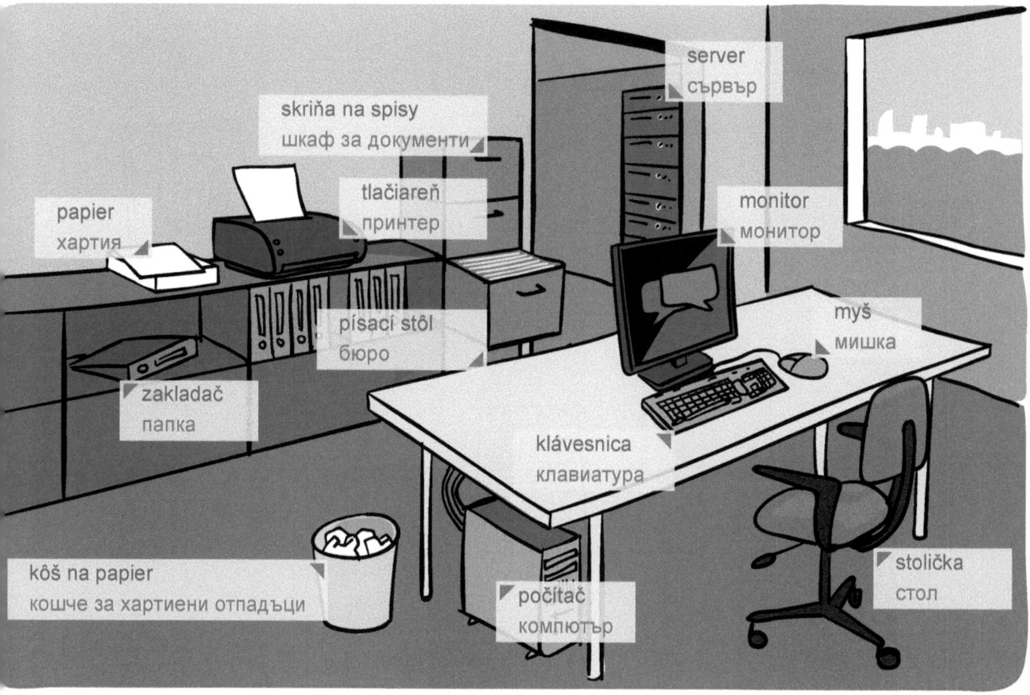

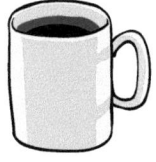

hrnček na kávu

чаша за кафе

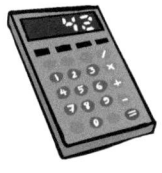

kalkulačka

джобен калкулатор

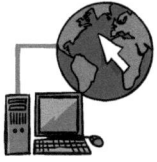

internet

интернет

laptop

лаптоп

list

писмо

správa

съобщение

mobil

мобилен телефон

sieť

мрежа

kopírka

ксерокс

softvér

софтуер

telefón

телефон

elektrická zásuvka

контакт

fax

факс

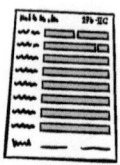

formulár

формуляр

doklad

документ

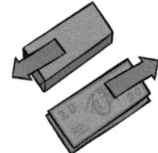

kúpiť

купувам

platiť

плащам

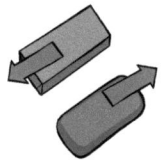

obchodovať

търгувам

peniaze

пари

dolár

долар

euro

евро

jen

йена

rubeľ

рубла

švajčiarsky frank

швейцарски франк

čínsky jüan

ренминби юан

rupia

рупия

bankomat

банкомат

zmenáreň

обменно бюро

zlato

злато

striebro

сребро

ropa

нефт

energia

енергия

cena

цена

zmluva

договор

daň

данък

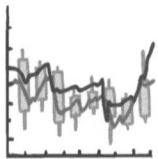

akcia

акция

pracovať

работя

zamestnanec

служител

zamestnávateľ

работодател

továreň

фабрика

obchod

магазин за цветя

povolania
професии

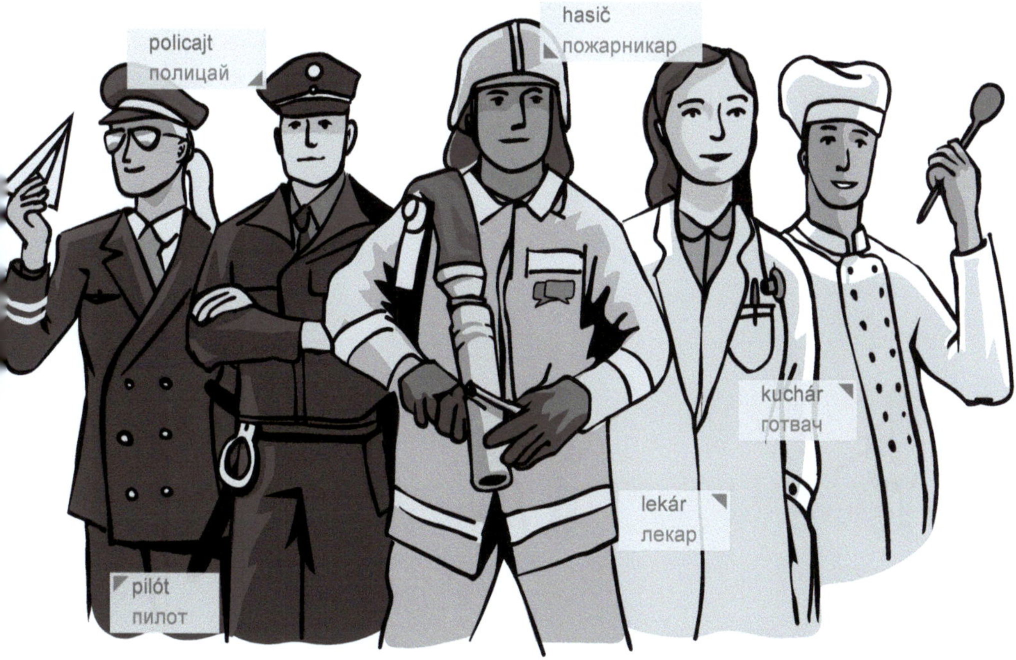
policajt
полицай
hasič
пожарникар
kuchár
готвач
lekár
лекар
pilót
пилот

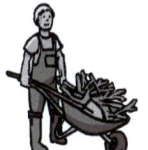

záhradník

градинар

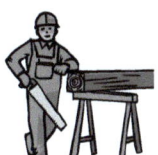

stolár

мебелист

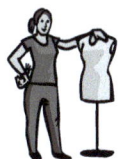

krajčírka

шивачка

sudca

съдия

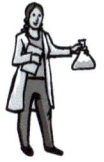

chemik

химик

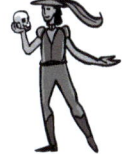

herec

артист

vodič autobusu

шофьор на автобус

taxikár

шофьор на такси

rybár

рибар

upratovačka

чистачка

pokrývač

майстор на покриви

čašník

келнер

poľovník

ловец

maliar

художник

pekár

хлебар

elektrikár

електротехник

stavebný robotník

строителен работник

inžinier

инженер

mäsiar

касапин

klampiar

тенекеджия

poštár

пощальон

vojak

войник

architekt

архитект

pokladník

касиер

kvetinár

цветар

kaderník

фризьор

sprievodca

кондуктор

mechanik

механик

kapitán

капитан

zubár

зъболекар

vedec

научен работник

rabín

равин

imám

имàм

mních

монах

farár

свещеник

náradie

инструменти

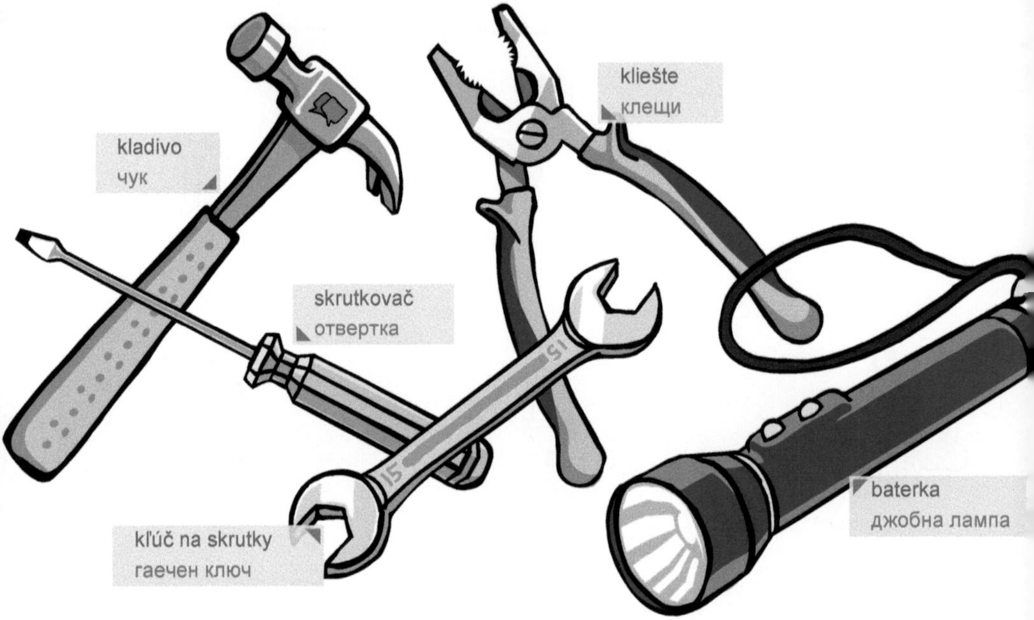

kladivo
чук
kliešte
клещи
skrutkovač
отвертка
kľúč na skrutky
гаечен ключ
baterka
джобна лампа

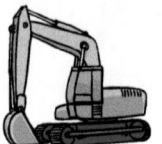

bager

багер

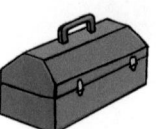

súprava náradia

кутия за инструменти

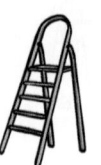

rebrík

стълба

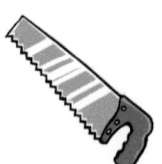

pílka

трион

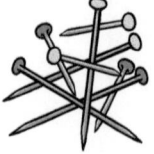

klince

пирони

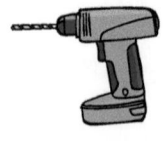

vrták

бормашина

opravíť

ремонтирам

lopata

лопата

Do čerta!

По дяволите!

lopatka na smeti

лопатка за смет

nádoba s farbou

кутия за боя

skrutky

болтове

hudobné nástroje

музикални инструменти

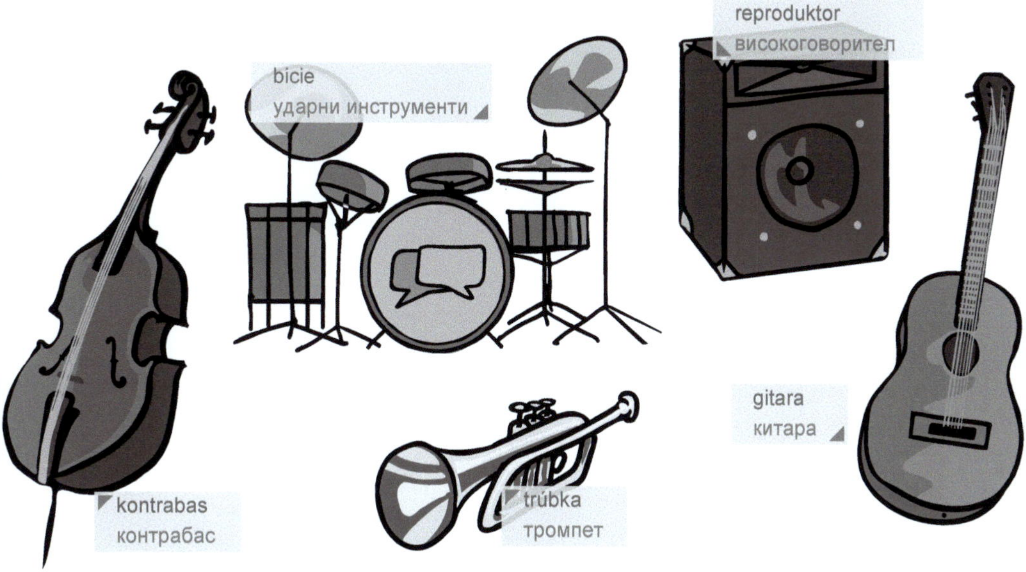

reproduktor
високоговорител

bicie
ударни инструменти

gitara
китара

kontrabas
контрабас

trúbka
тромпет

klavír

пиано

husle

виолина

basa

контрабас

tympany

тимпан

bubon

барабан

klávesnica

електрическо пиано

saxofón

саксофон

flauta

флейта

mikrofón

микрофон

ZOO

зоологическа градина

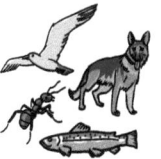

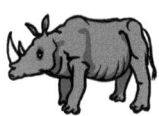

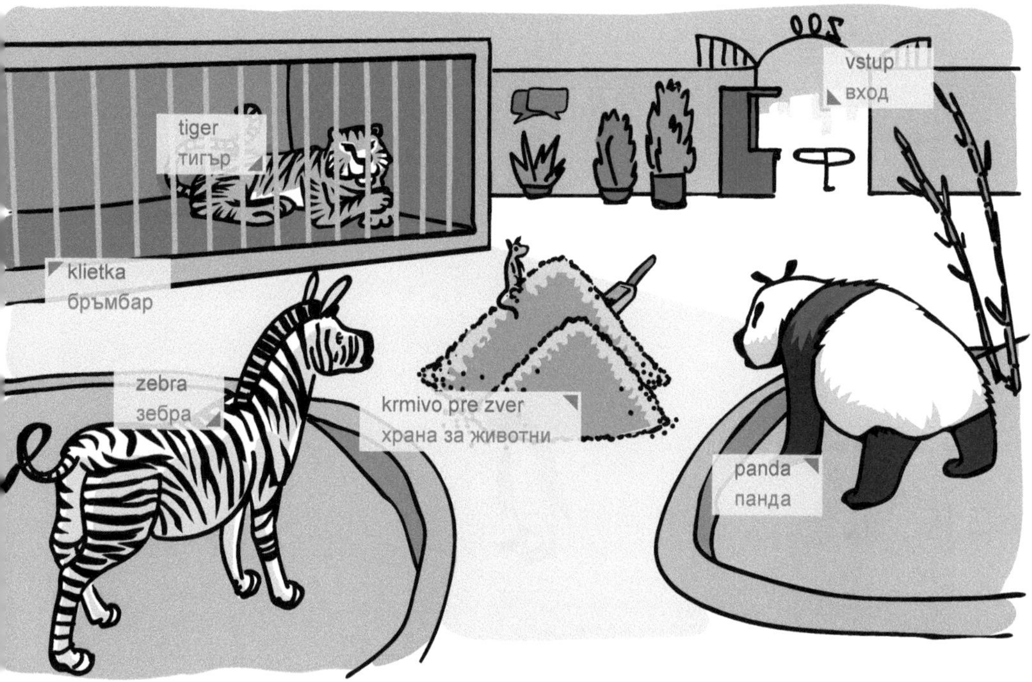

vstup
вход
tiger
тигър
klietka
бръмбар
zebra
зебра
krmivo pre zver
храна за животни
panda
панда

zvieratá

животни

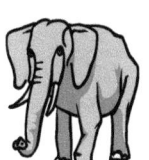

slon

слон

klokan

кенгуру

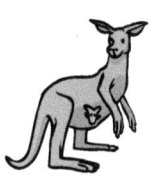

nosorožec

носорог

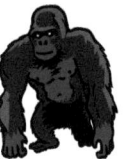

gorila

горила

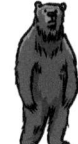

medveď

мечка

ťava

камила

pštros

щраус

lev

лъв

opica

маймуна

plameniak

фламинго

papagáj

папагал

ľadový medveď

бяла мечка

tučniak

пингвин

žralok

акула

páv

паун

had

змия

krokodíl

крокодил

ošetrovateľ v ZOO

пазач в зоологическа
градина

tuleň

тюлен

jaguár

ягуар

poník

пони

leopard

леопард

hroch

хипопотам

žirafa

жираф

orol

орел

diviak

диво прасе

ryba

риба

korytnačka

костенурка

mrož

морж

líška

лисица

gazela

газела

americký futbal
американски футбол

cyklistika
колоездене

tenis
тенис

basketbal
баскетбол

plávanie
плуване

box
бокс

hokej
хокей на лед

futbal
футбол

bedminton
бадминтон

ľahká atletika
лека атлетика

hádzaná
хандбал

lyžovanie
ски бягане

pólo
поло

aktivity

дейности

skočiť
скачам
objať
прегръщам
smiať sa
смея се
chodiť
вървя
spievať
пея
snívať
сънувам
modliť sa
моля се
pobozkať
целувам

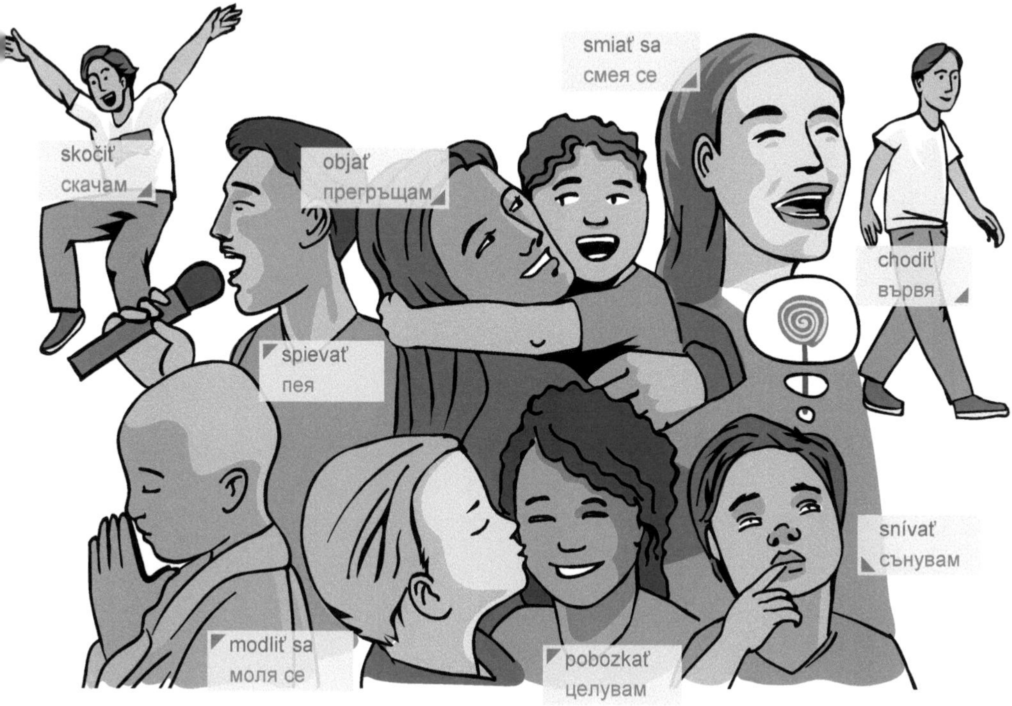

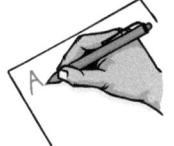

písať
пиша

kresliť
рисувам

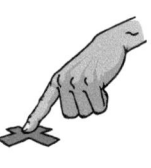

ukázať
показвам

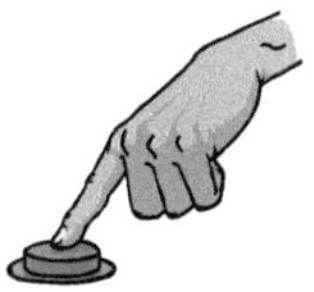

tlačiť
бутам

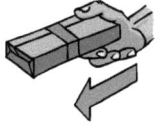

dať
давам

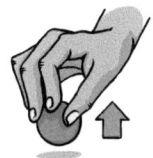

brať
взимам

mať

имам

robiť

правя

byť

съм

stáť

стоя

bežať

тичам

ťahať

дърпам

hádzať

хвърлям

padnúť

падам

ležať

лежа

čakať

чакам

nosiť

нося

sedieť

седя

obliecť sa

обличам

spať

спя

zobudiť sa

събуждам се

pozerať

разглеждам

plakať

плача

hladkať

милвам

česať

реша се

hovoriť

говоря

rozumieť

разбирам

pýtať sa

питам

počuť

слушам

piť

пия

jesť

ям

upratať

разтребвам

milovať

обичам

variť

готвя

jazdiť

карам автомобил

letieť

летя

plachtiť

плавам (с платна)

počítať

смятане

čítať

чета

učiť sa

уча

pracovať

работя

oženiť

женя се

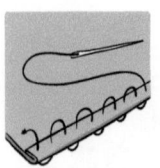

šiť

шия

čistiť zuby

измивам си зъбите

zabiť

убивам

fajčiť

пуша

poslať

изпращам

rodina

семейство

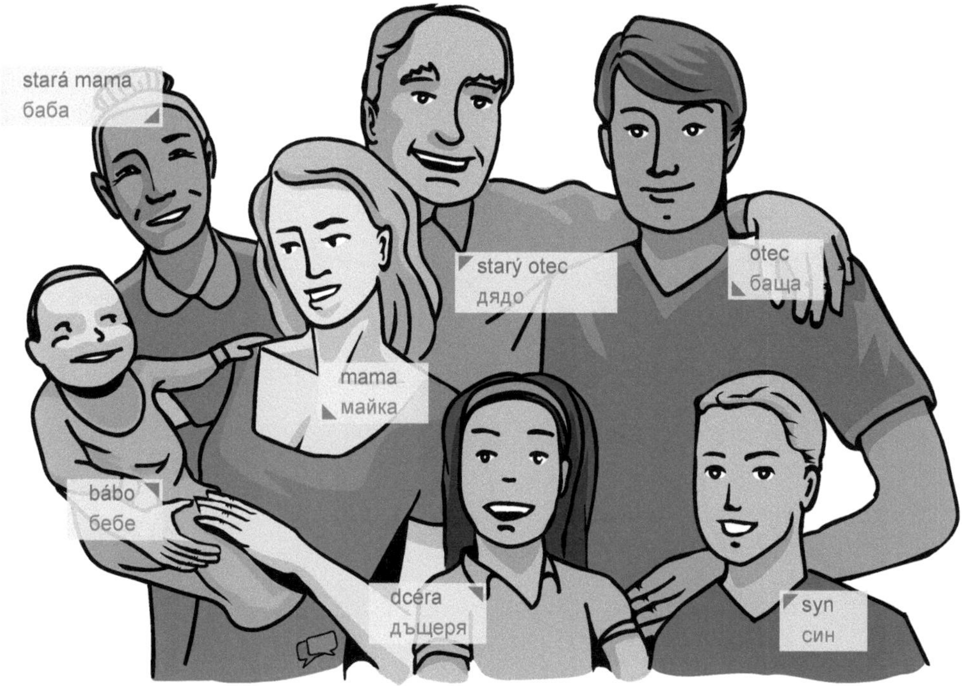

stará mama
баба
starý otec
дядо
otec
баща
mama
майка
bábo
бебе
dcéra
дъщеря
syn
син

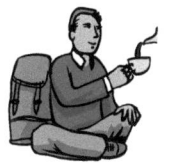

hosť
посетител

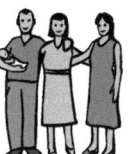

teta
леля

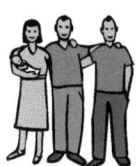

strýko
чичо

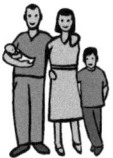

brat
брат

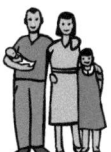

sestra
сестра

telo

тяло

čelo
чело
oko
око
plece
рамо
prst
пръст
tvár
лице
brada
брадичка
ruka
ръка
hruď
гърди
noha
крак
rameno
ръка

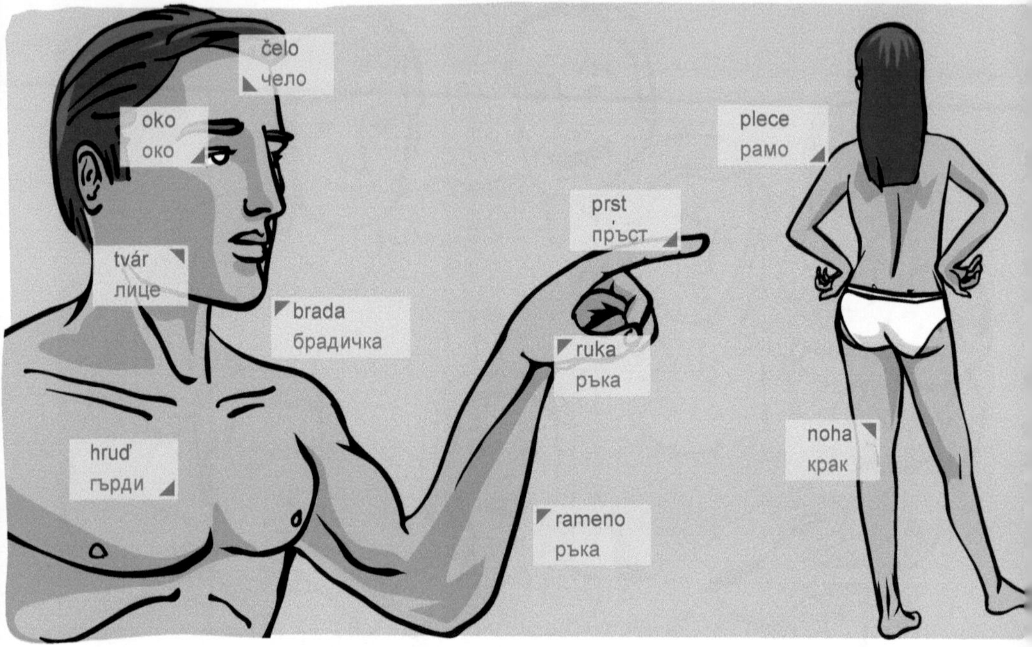

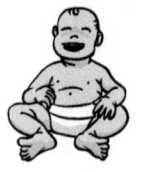

bábo

бебе

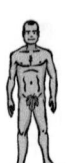

muž

мъж

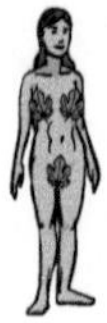

žena

жена

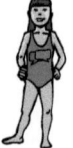

dievča

момиче

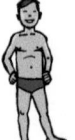

chlapec

момче

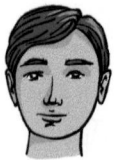

hlava

глава

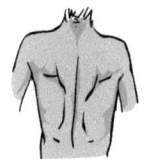

chrbát

гръб

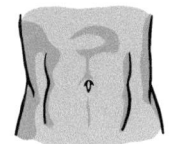

brucho

корем

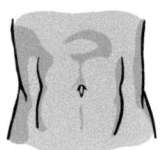

pupok

пъп

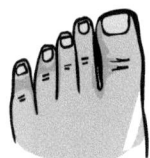

prst na nohe

пръст на крака

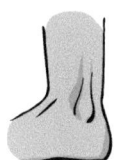

päta

пета

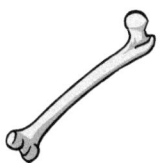

kosť

кост

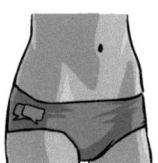

bok

хълбок

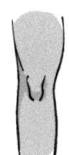

koleno

коляно

lakeť

лакът

nos

нос

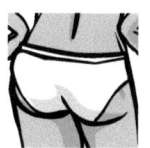

zadok

седалище

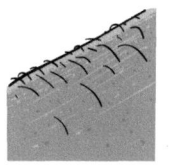

koža

кожа

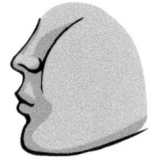

líce

буза

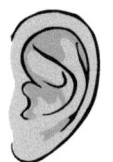

ucho

ухо

pery

устна

ústa

уста

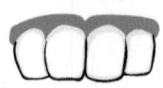

zub

зъб

jazyk

език

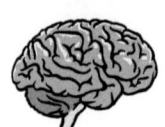

mozog

мозък

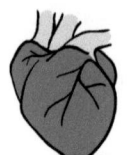

srdce

сърце

svaly

мускул

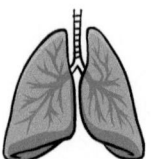

pľúca

бял дроб

pečeň

черен дроб

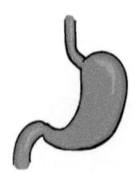

žalúdok

стомах

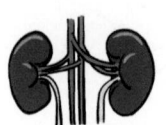

obličky

бъбреци

pohlavný styk

полово сношение

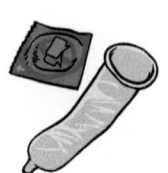

kondóm

кондом

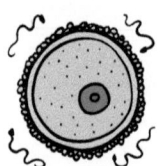

vaječná bunka

яйцеклетка

semeno

сперма

tehotenstvo

бременност

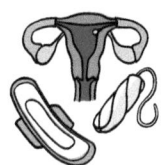

menštruácia

менструация

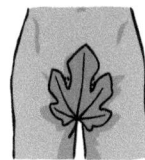

vagína

вагина

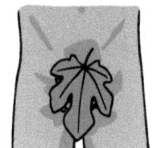

penis

пенис

obočie

вежда

vlasy

коса

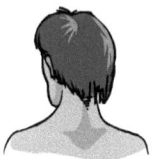

krk

шия

nemocnica
болница

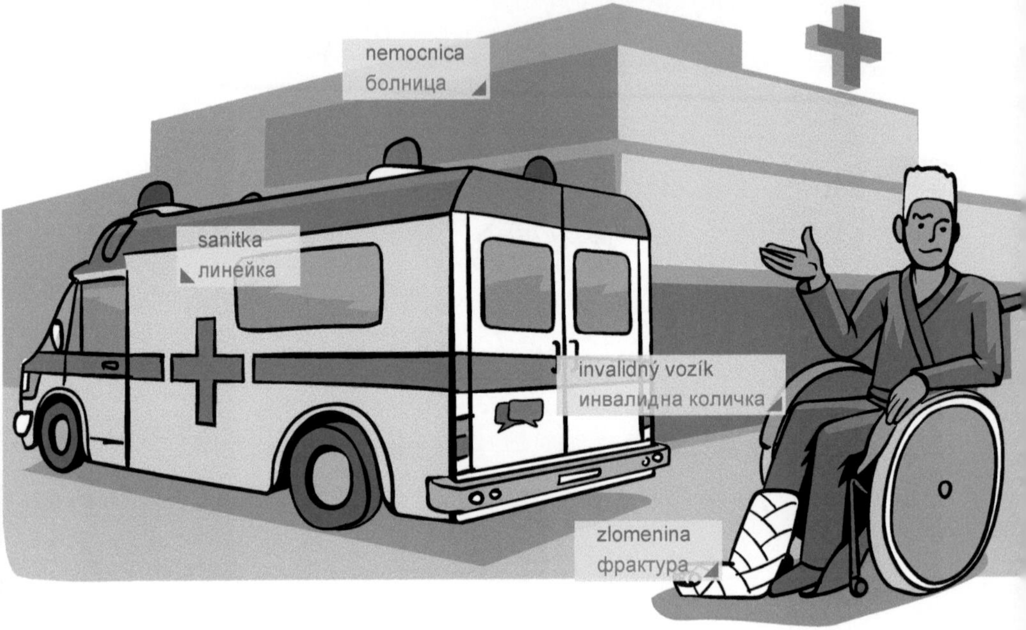

nemocnica
болница
sanitka
линейка
invalidný vozík
инвалидна количка
zlomenina
фрактура

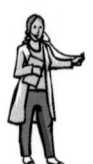

lekár

лекар

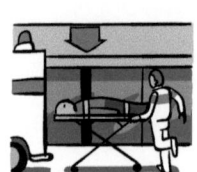

urgentný príjem

спешна хоспитализация

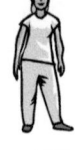

sestrička

медицинска сестра

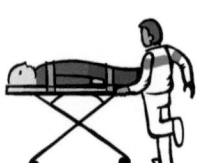

urgentný prípad

спешен случай

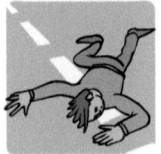

v bezvedomí

в безсъзнание

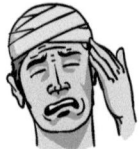

bolesť

болка

zranenie

нараняване

krvácanie

кървене

srdcový infarkt

инфаркт

mozgová porážka

инсулт

alergia

алергия

kašeľ

кашлица

teplota

температура

chrípka

грип

hnačka

диария

bolesť hlavy

главоболие

rakovina

рак

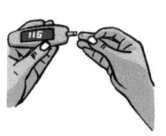

cukrovka

диабет

chirurg

хирург

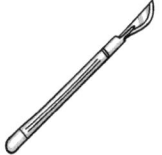

skalpel

скалпел

operácia

операция

CT

компютърна томография

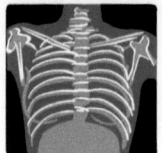

RTG

рентген

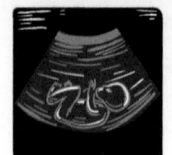

ultrazvuk

ултразвук

maska

маска

choroba

болест

čakáreň

чакалня

barla

патерица

náplasť

пластир

obväz

превръзка

injekcia

инжекция

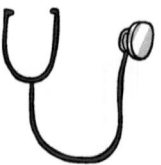

fonendoskop

стетоскоп

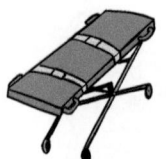

nosidlá

носилка

teplomer

термометър

pôrod

раждане

nadváha

наднормено тегло

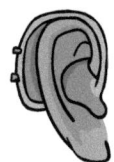

audiofón

слухов апарат

dezinfekčný prostriedok

дезинфекционно средство

infekcia

инфекция

vírus

вирус

HIV / AIDS

HIV / AIDS

medicína

медицина

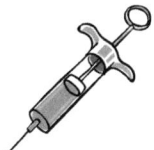

očkovanie

ваксинация

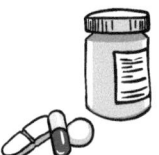

tabletky

таблети

antikoncepčná pilulka

противозачатъчна
таблетка

tiesňové volanie

спешно телефонно
обаждане

tlakomer

апарат за измерване на
кръвното налягане

chorý / zdravý

болен / здрав

Pomoc!
Помощ!

alarm
сигнал за тревога

prepad
нападение

útok
атака

nebezpečenstvo
опасност

núdzový východ
авариен изход

Horí!
Пожар!

hasičský prístroj
пожарогасител

nehoda
злополука

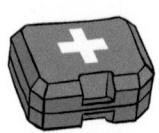

kufrík prvej pomoci
комплект за оказване на
първа помощ

SOS
SOS

polícia
полиция

Európa

Европа

Severná Amerika

Северна Америка

Južná Amerika

Южна Америка

Afrika

Африка

Ázia

Азия

Austrália

Австралия

Atlantický oceán

Атлантически океан

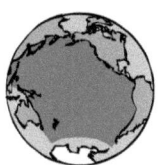

Tichý oceán

Тихи океан

Indický oceán

Индийски океан

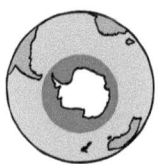

Južný oceán

Южен ледовит океан

Severný ľadový oceán

Северен ледовит океан

Severný pól

Северен полюс

Južný pól

Южен полюс

Antarktída

Антарктида

Zem

Земя

krajina

суша

more

море

ostrov

остров

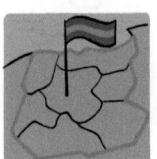

národ

нация

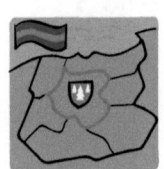

štát

държава

ciferník

циферблат

hodinová ručička

стрелка на часовете

minútová ručička

стрелка на минутите

sekundová ručička

стрелка на секундите

Koľko je hodín?

Колко е часът?

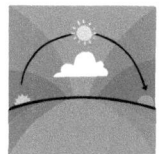

deň

ден

čas

време

teraz

сега

digitálne hodiny

дигитален часовник

minúta

минута

hodina

час

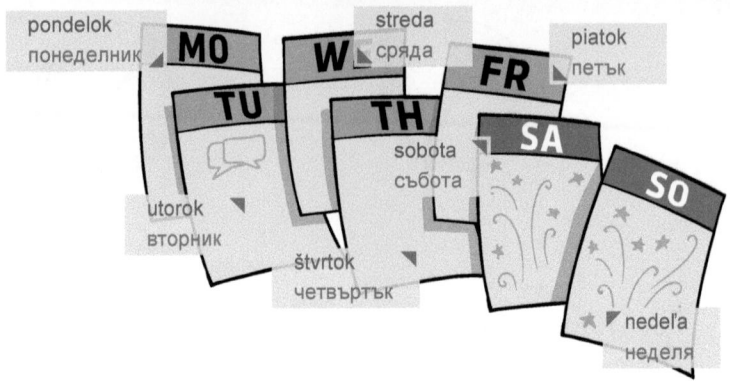

pondelok
понеделник

MO

streda
сряда

W

piatok
петък

FR

TU

TH

sobota
събота

SA

SO

utorok
вторник

štvrtok
четвъртък

nedeľa
неделя

včera

вчера

dnes

днес

zajtra

утре

ráno

сутрин

poludnie

обед

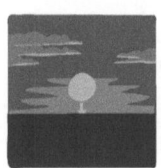

večer

вечер

pracovné dni

работни дни

víkend

уикенд

rok
година

dážď
дъжд
dúha
дъга
vietor
вятър
sneh
сняг
jar
пролет
leto
лято
jeseň
есен
zima
зима

4.APRIL 11°
5.APRIL 4°
6.APRIL 13°
7.APRIL 8°
8.APRIL 10°

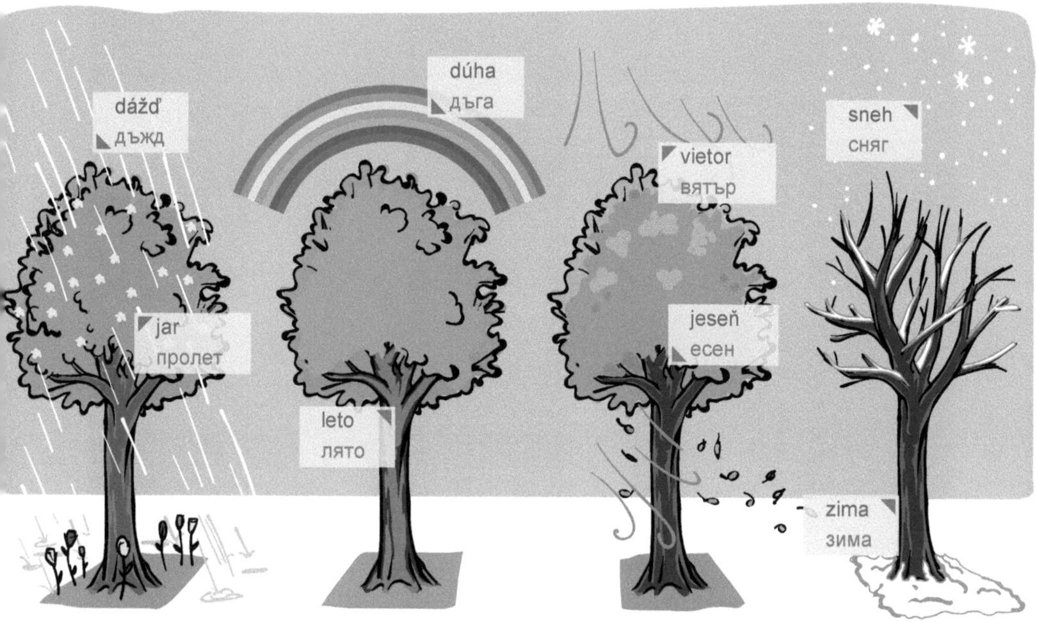

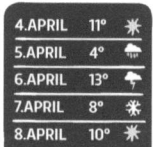

predpoveď počasia

прогноза за времето

F C
120 40
90 30
60 20
30 10
0 0
-30 -10
-20

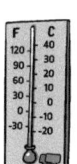

teplomer

термометър

slnečný svit

слънчева светлина

oblak

облак

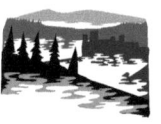

hmla

мъгла

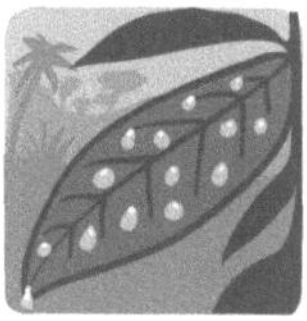

vlhkosť vzduchu

влажност на въздуха

blesk

светкавица

hrom

гръмотевица

búrka

буря

krúpy

градушка

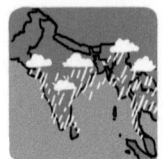

monzún

мусон

záplava

наводнение

ľad

лед

január

януари

február

февруари

marec

март

apríl

април

máj

май

jún

юни

júl

юли

august

август

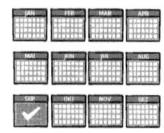

september
....
септември

október
....
октомври

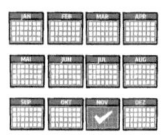

november
....
ноември

december
....
декември

tvary

форми

kruh
....
кръг

štvorec
....
квадрат

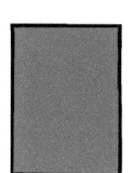

obdĺžnik
....
четириъгълник

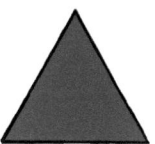

trojuholník
....
триъгълник

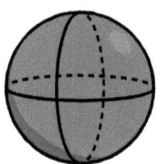

guľa
....
сфера

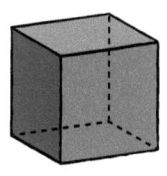

kocka
....
куб

biela

бял

žltá

жълт

oranžová

оранжев

ružová

розов

červená

червен

fialová

лилав

modrá

син

zelená

зелен

hnedá

кафяв

šedá

сив

čierna

черен

veľa / málo

много / малко

zúrivý / pokojný

ядосан / спокоен

pekný / škaredý

красив / грозен

začiatok / koniec

начало / край

veľký / malý

голям / малък

svetlý / tmavý

светъл / тъмен

brat / sestra

брат / сестра

čistý / špinavý

чист / мръсен

úplný / neúplný

пълен / непълен

deň / noc

ден / нощ

mŕtvy / živý

мъртъв / жив

široký / úzky

широк / тесен

chutný / nechutný

ядлив / неядлив

zlostný / láskavý

сърдит / любезен

vzrušený / unudený

развълнуван / скучаещ

tlstý / chudý

дебел / тънък

prvý / posledný

най-напред / най-накрая

priateľ / nepriateľ

приятел / враг

plný / prázdny

пълен / празен

tvrdý / mäkký

твърд / мек

ťažký / ľahký

тежък / лек

hlad / smäd

глад / жажда

chorý / zdravý

болен / здрав

nelegálny / legálny

нелегален / легален

inteligentný / hlúpy

интелигентен / глупав

vľavo / vpravo

ляво / дясно

blízko / ďaleko

близо / далече

nový / použitý

нов / употребяван

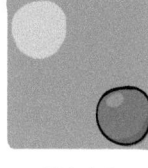

nič / niečo

нищо / нещо

starý / mladý

стар / млад

zapnuté / vypnuté

вкл. / изкл.

otvorené / zatvorené

отворен / затворен

tichý / hlasný

тих / силен (звук)

bohatý / chudobný

богат / беден

správne / nesprávne

правилен / погрешен

drsný / hladký

грапав / гладък

smutný / šťastný

тъжен / щастлив

krátky / dlhý

дълъг / къс

pomaly / rýchlo

бавен / бърз

mokrý / suchý

мокър / сух

teplý / studený

топъл / студен

vojna / mier

война / мир

0

nula

нула

1

jeden

едно

2

dva

две

3

tri

три

4

štyri

четири

5

päť

пет

6

šesť

шест

7

sedem

седем

8

osem

осем

9

deväť

девет

10

desať

десет

11

jedenásť

единадесет

12
dvanásť
дванадесет

13
trinásť
тринадесет

14
štrnásť
четиринадесет

15
pätnásť
петнадесет

16
šestnásť
шестнадесет

17
sedemnásť
седемнадесет

18
osemnásť
осемнадесет

19
devätnásť
деветнадесет

20
dvadsať
двадесет

100
sto
сто

1.000
tisíc
хиляда

1.000.000
milión
милион

angličtina

английски

americká angličtina

американски английски

mandarínska čínština

китайски мандарин

hindčina

хинди

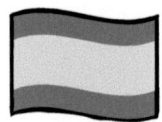

španielčina

испански

francúzština

френски

arabčina

арабски

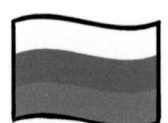

ruština

руски

portugalčina

португалски

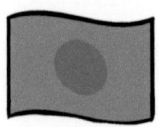

bengálčina

бенгалски

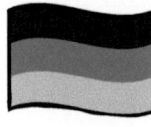

nemčina

немски

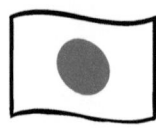

japončina

японски

ja

аз

ty

ти

on/ona/ono

той / тя / то

my

ние

vy

вие

oni

те

kto?

кой?

čo?

какво?

ako?

как?

kde?

къде?

kedy?

кога?

meno

име

къде

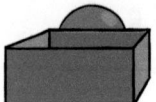

za
зад

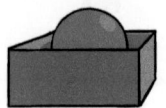

v
в

pred
пред

nad
над

na
върху

pod
под

vedľa
до

medzi
между

miesto
място